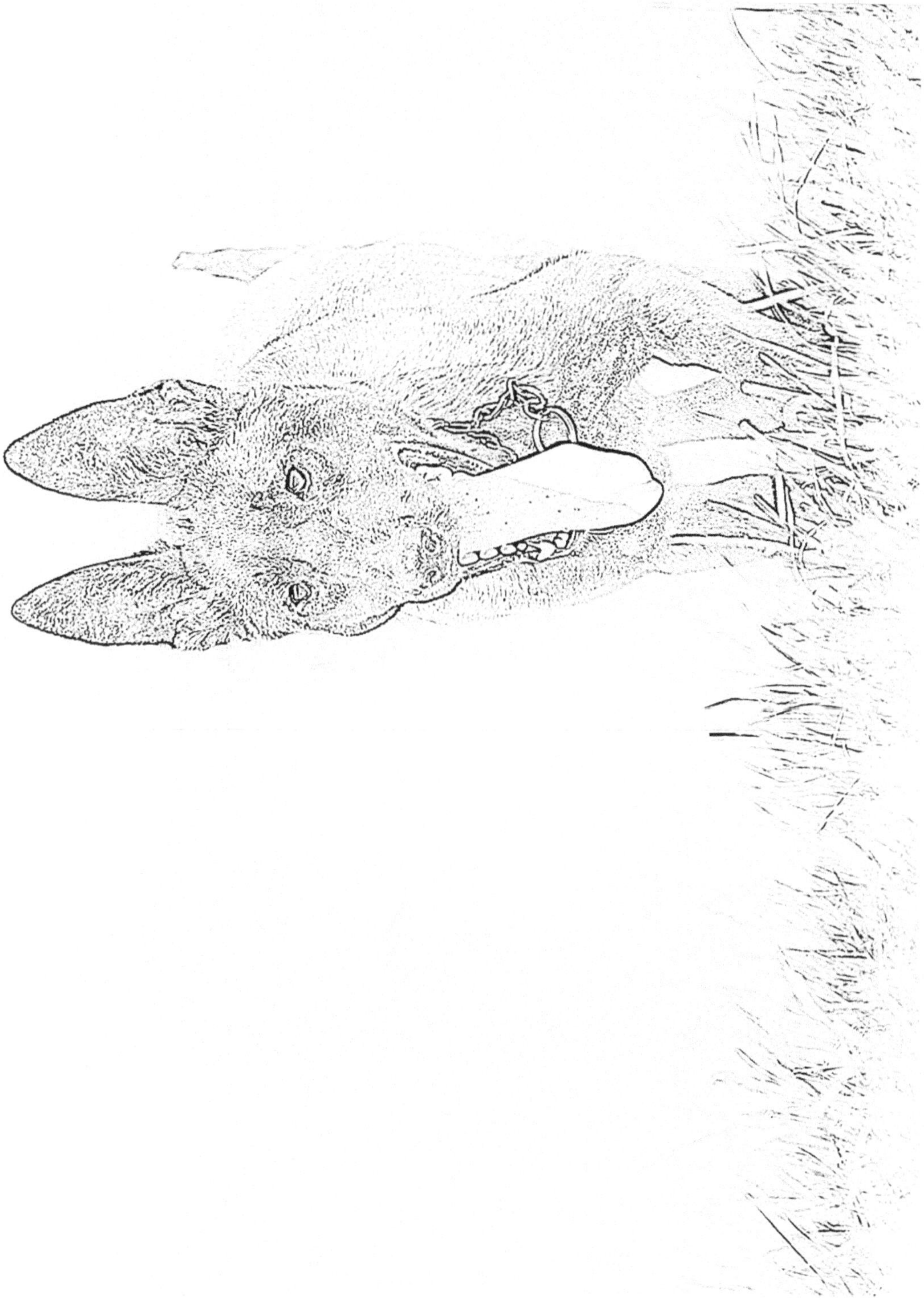

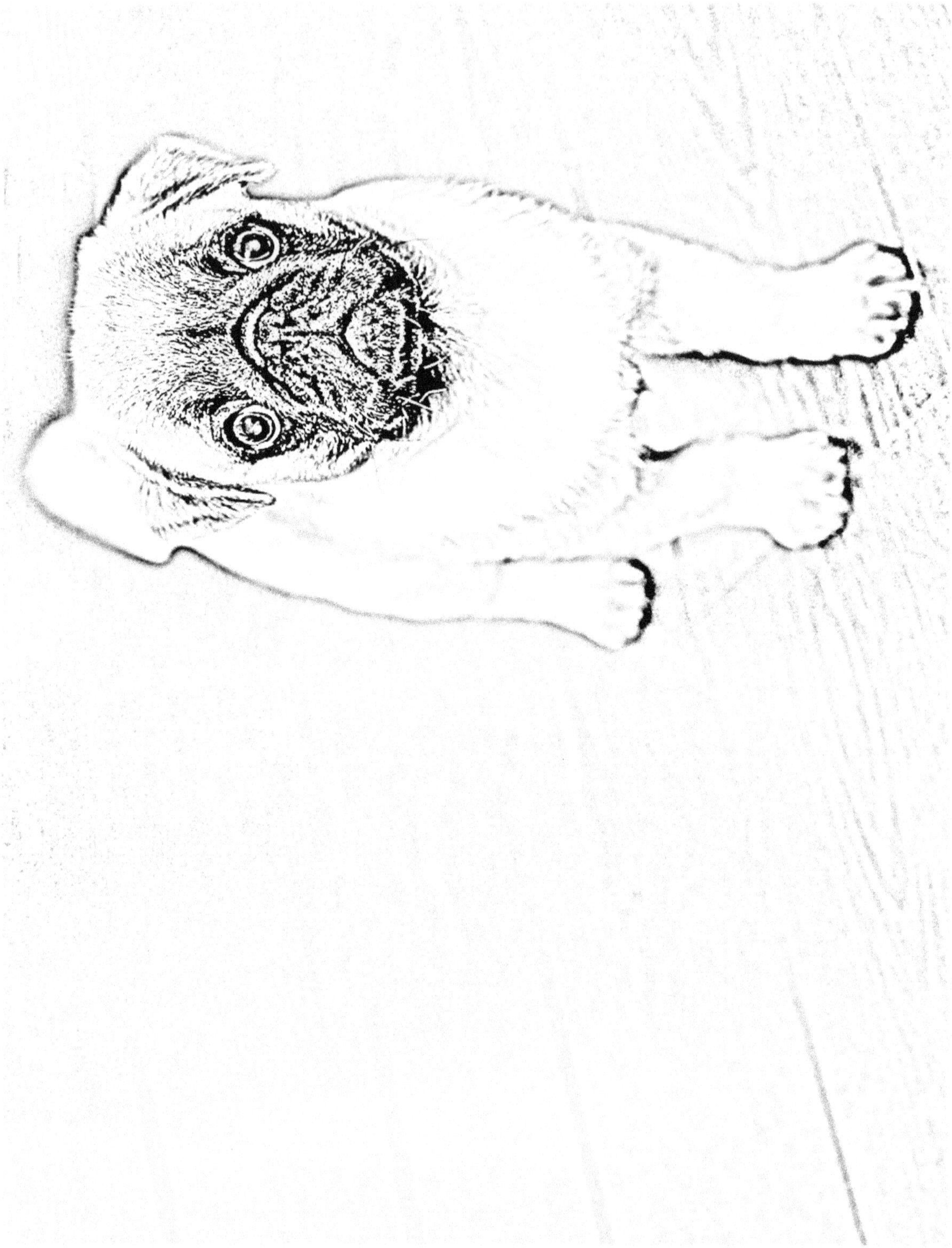

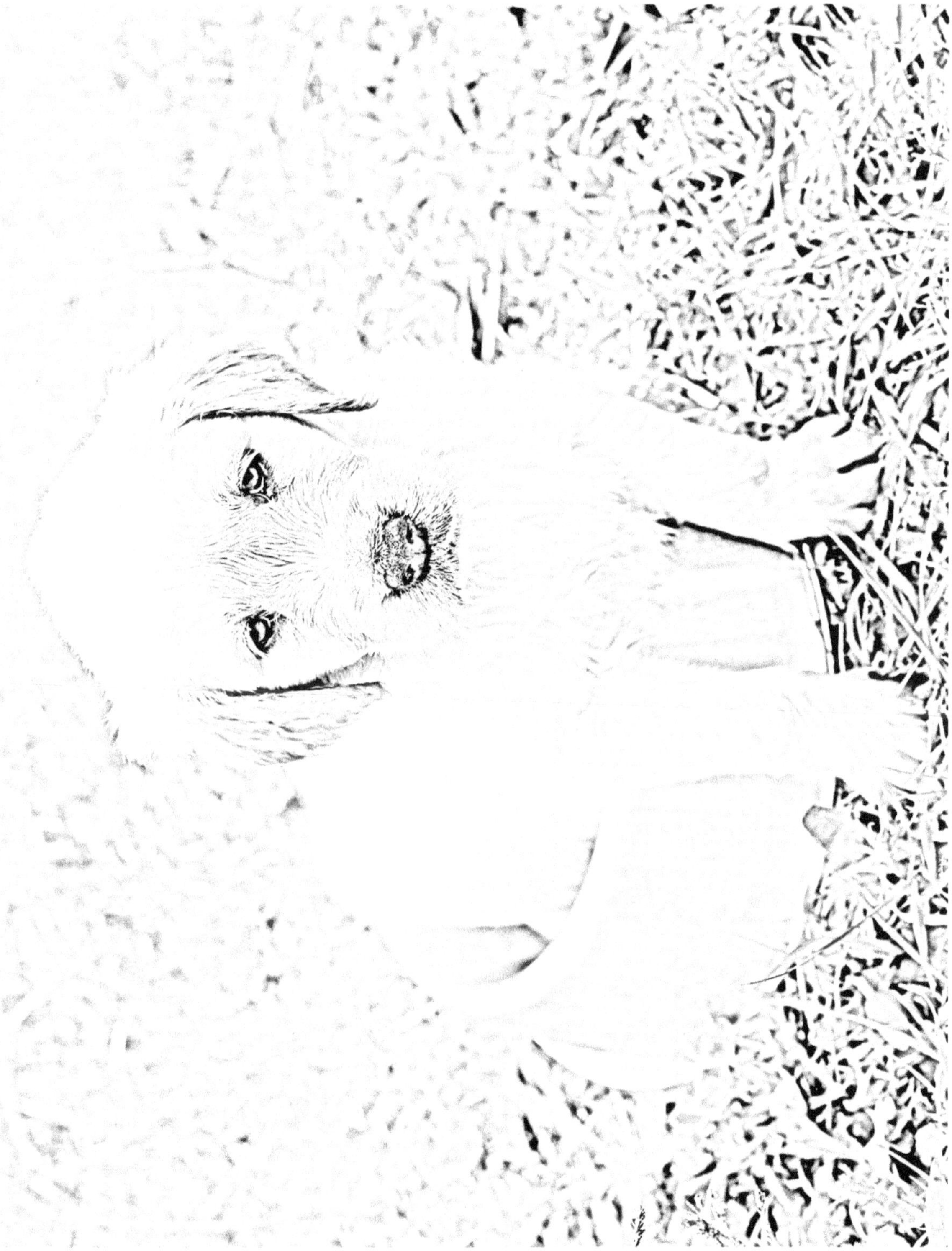

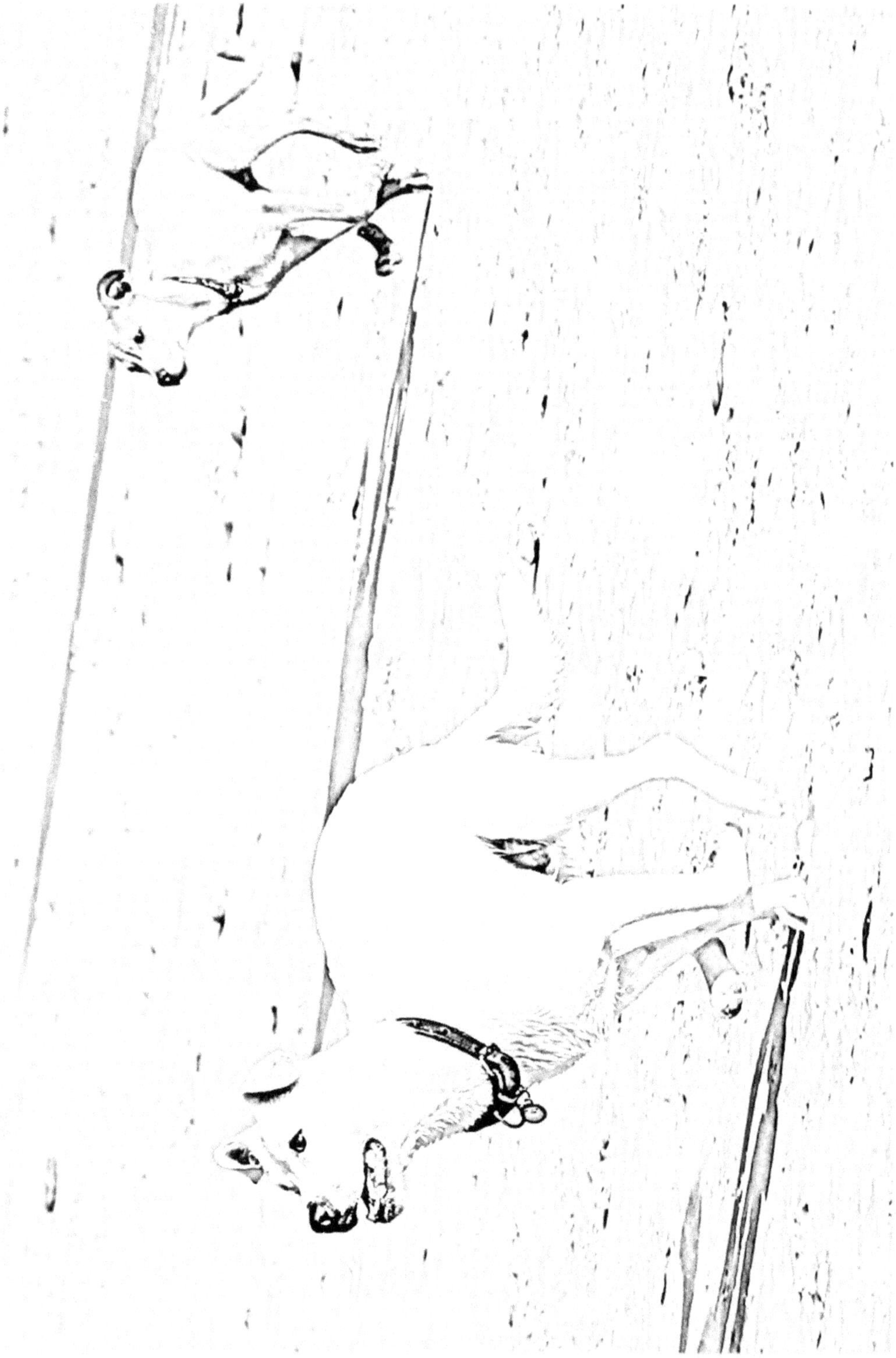

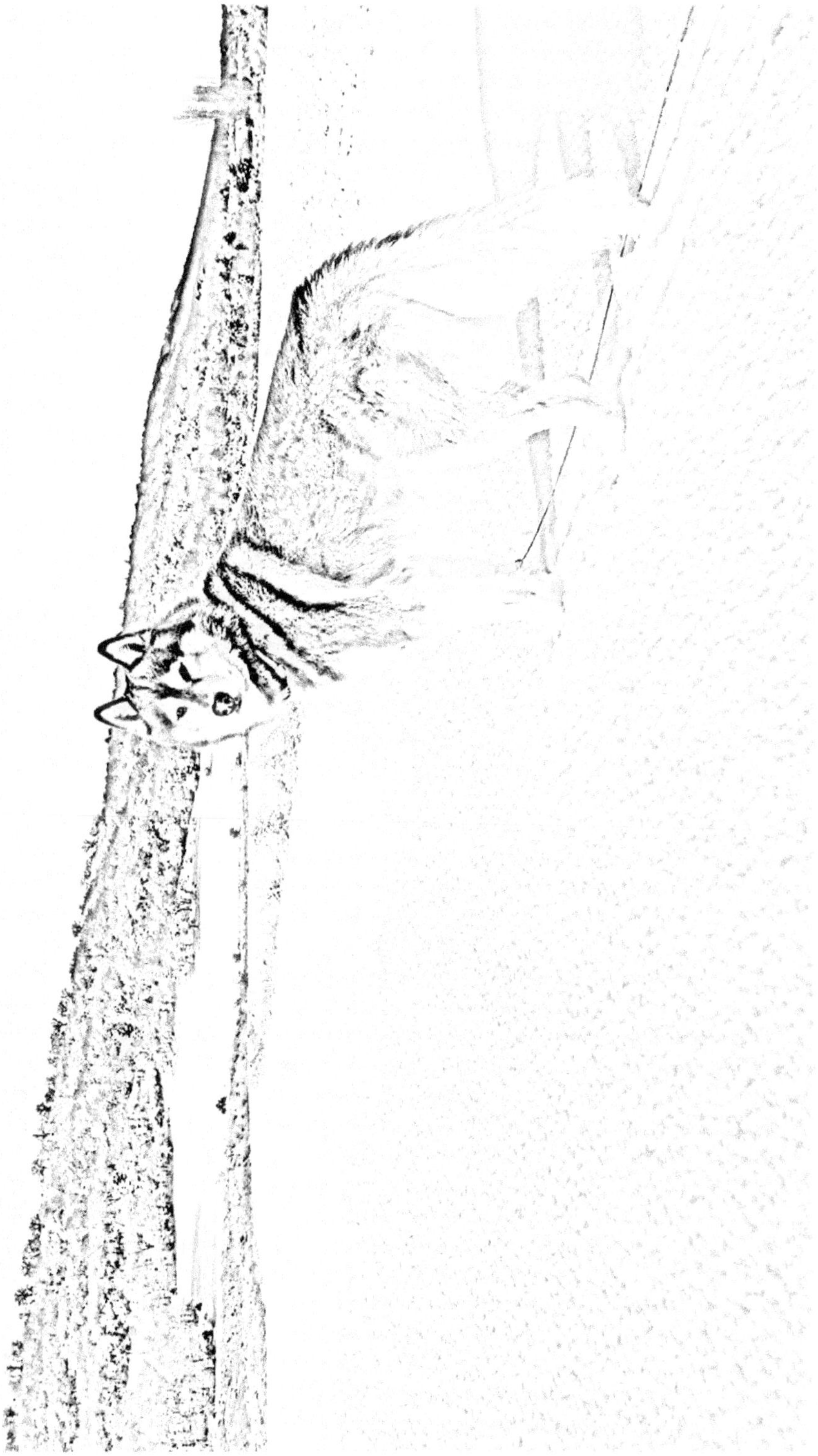

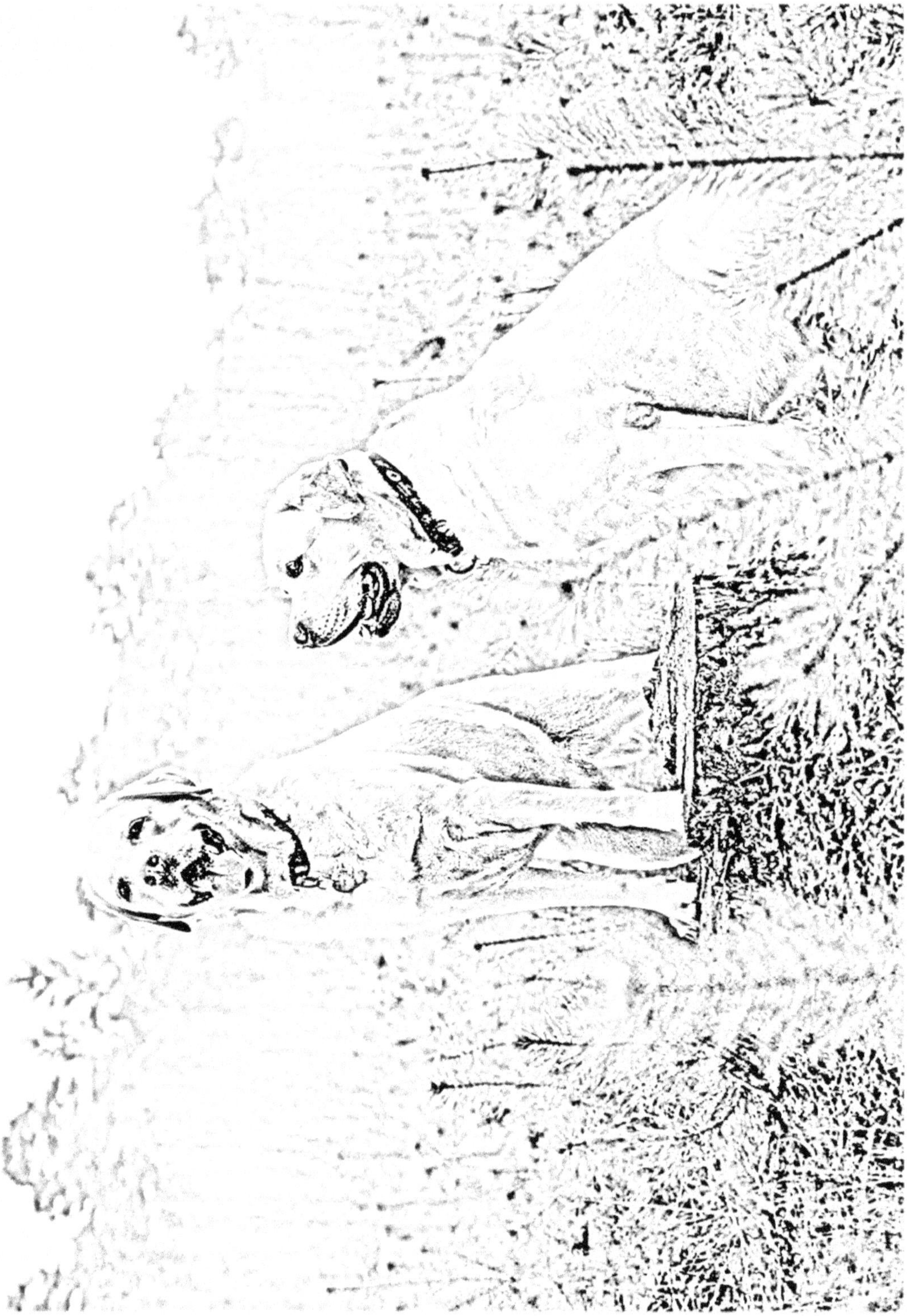

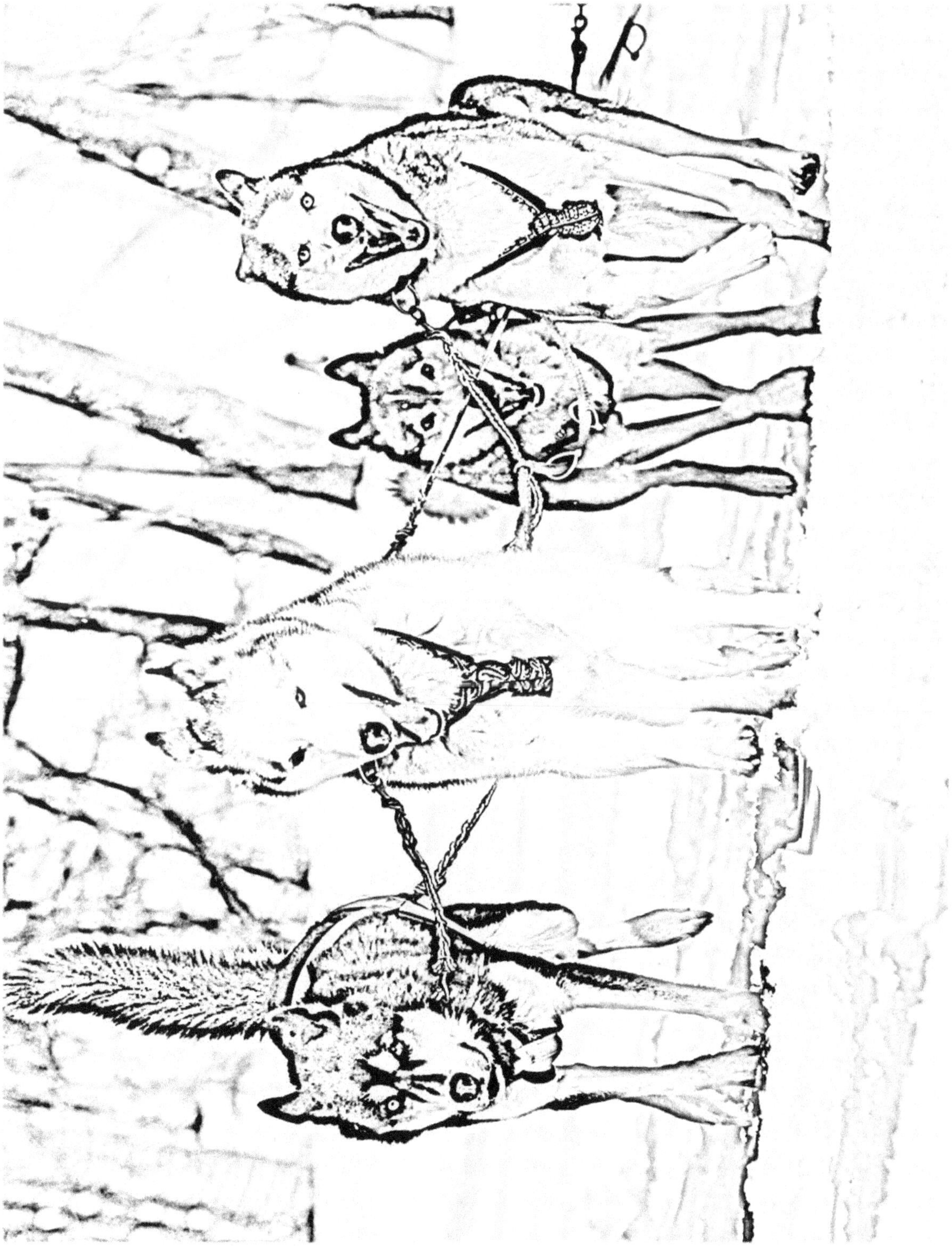

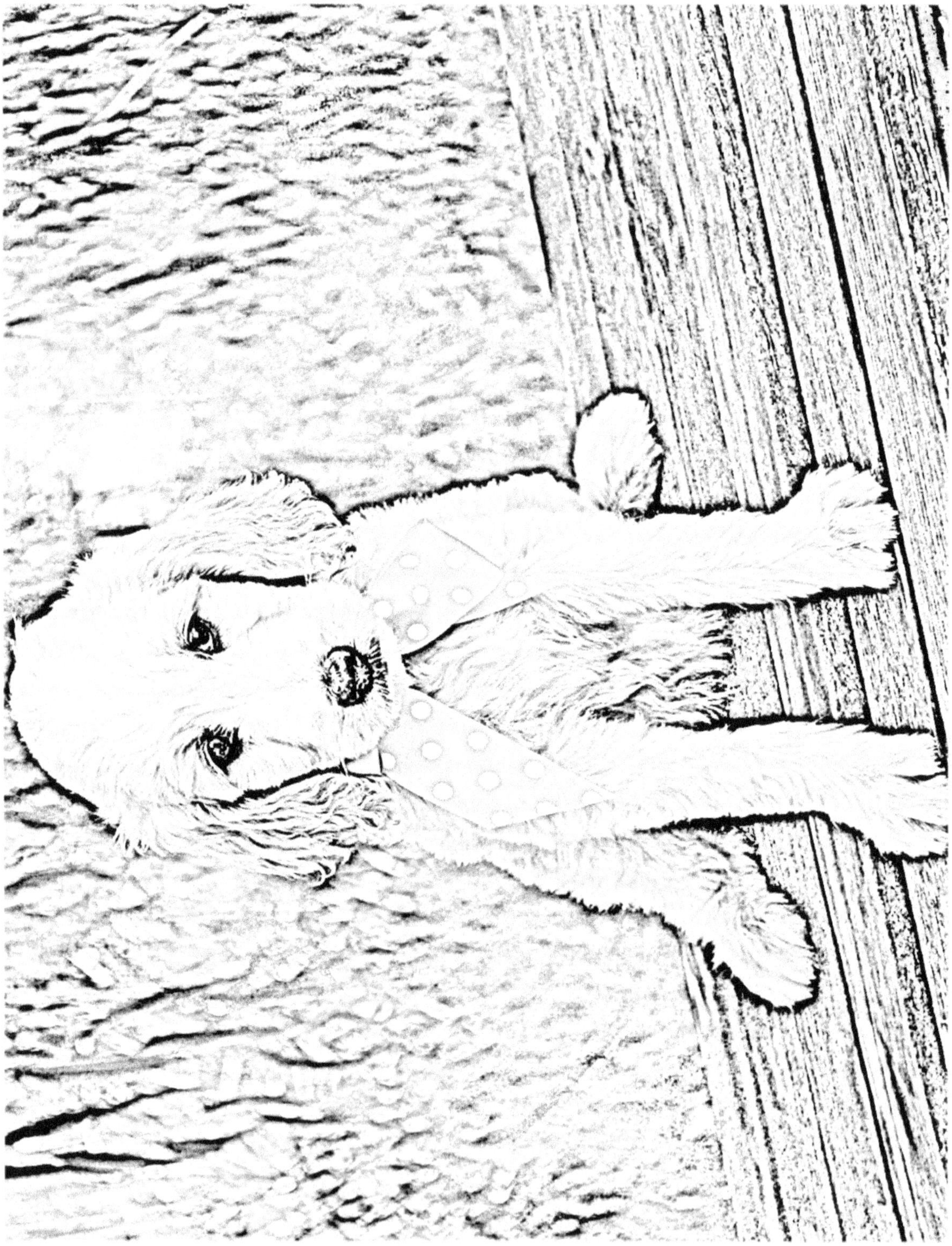

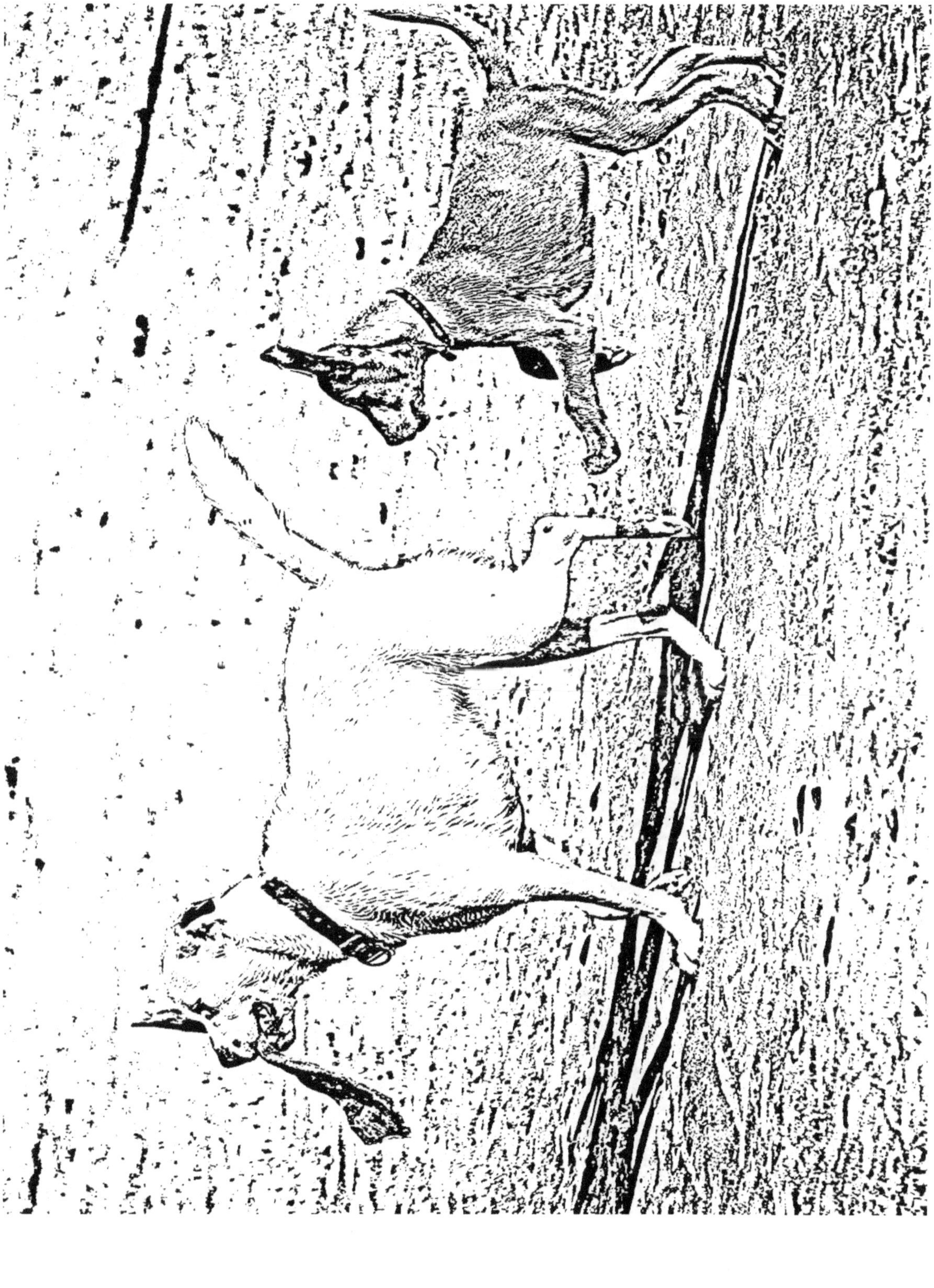

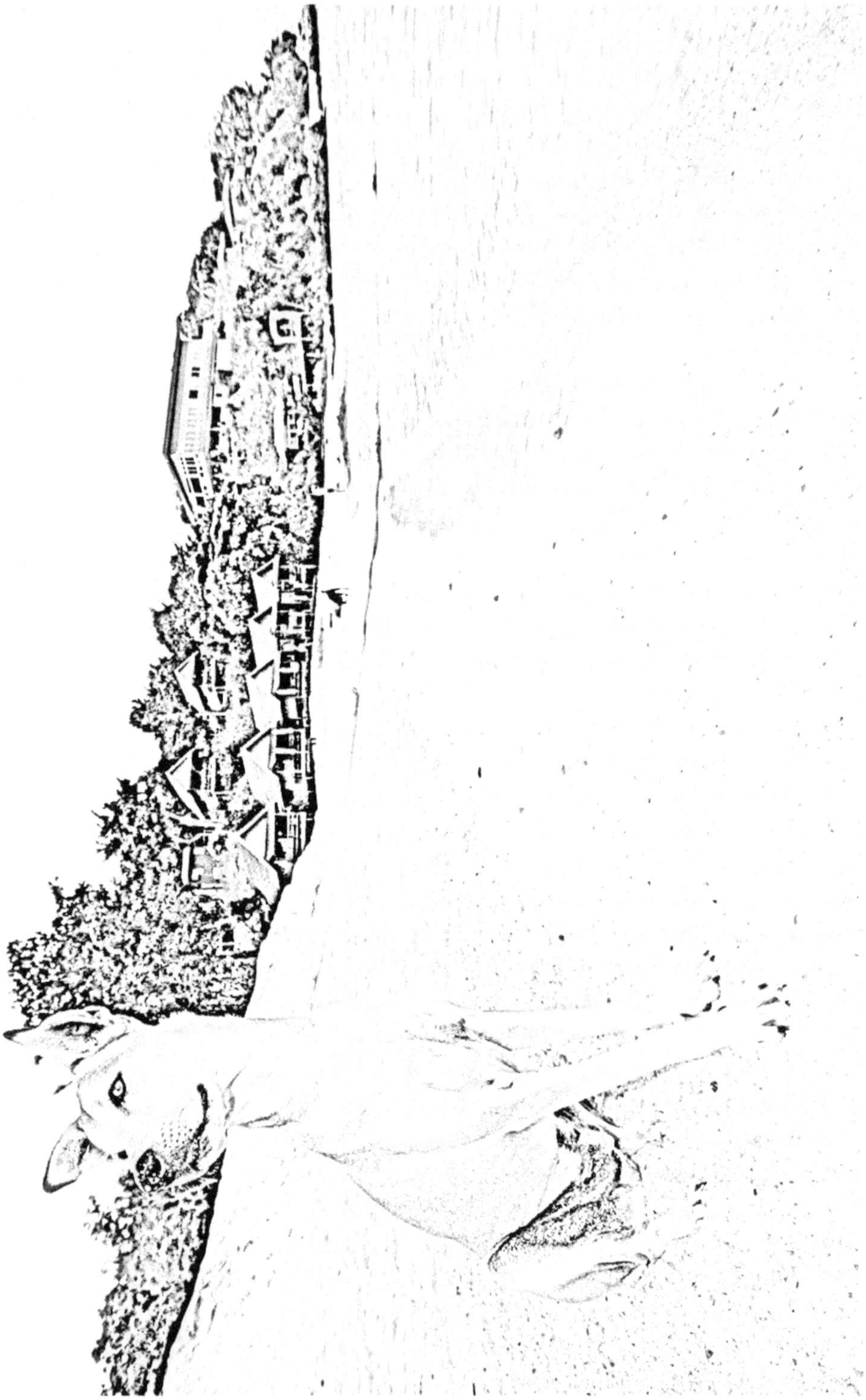

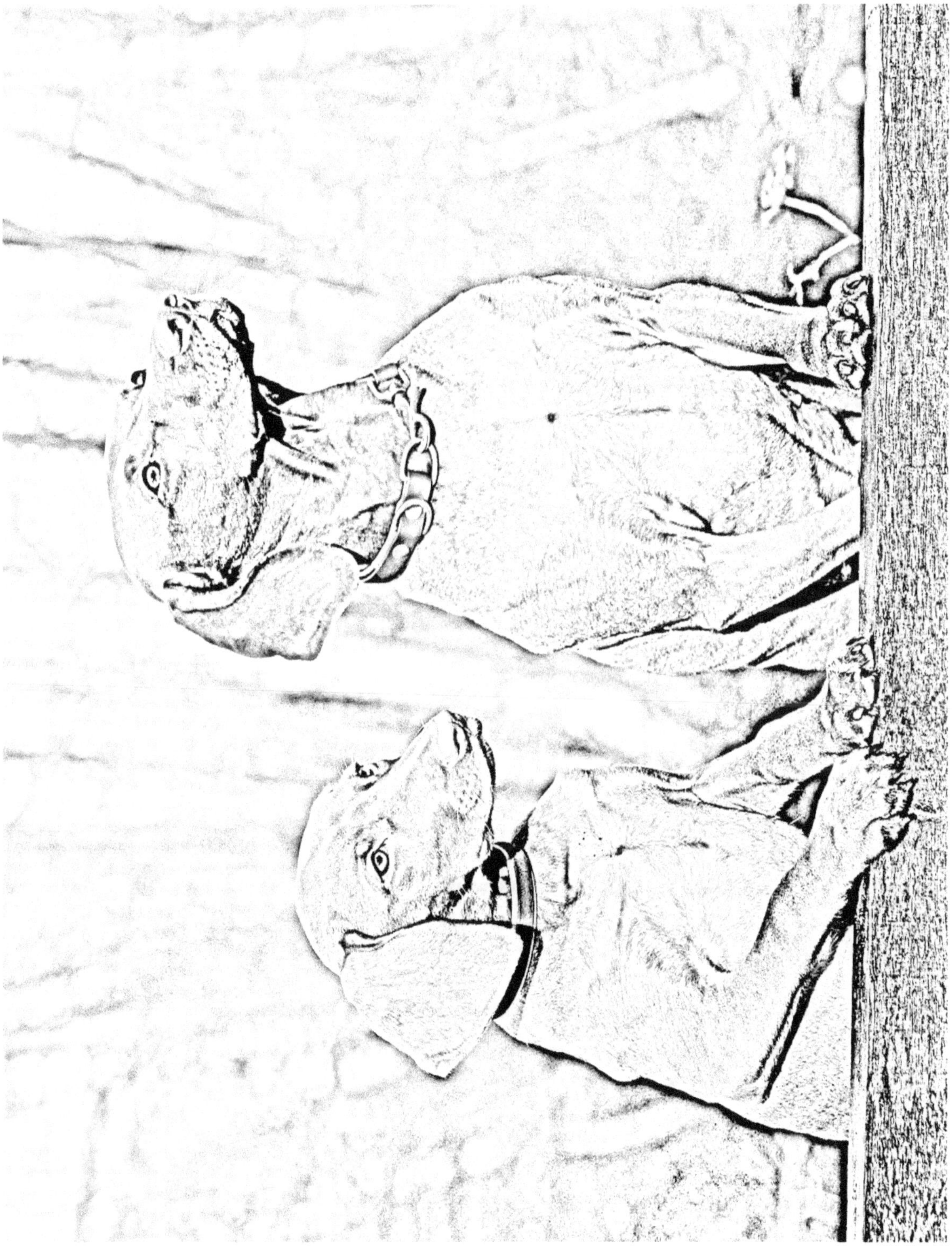

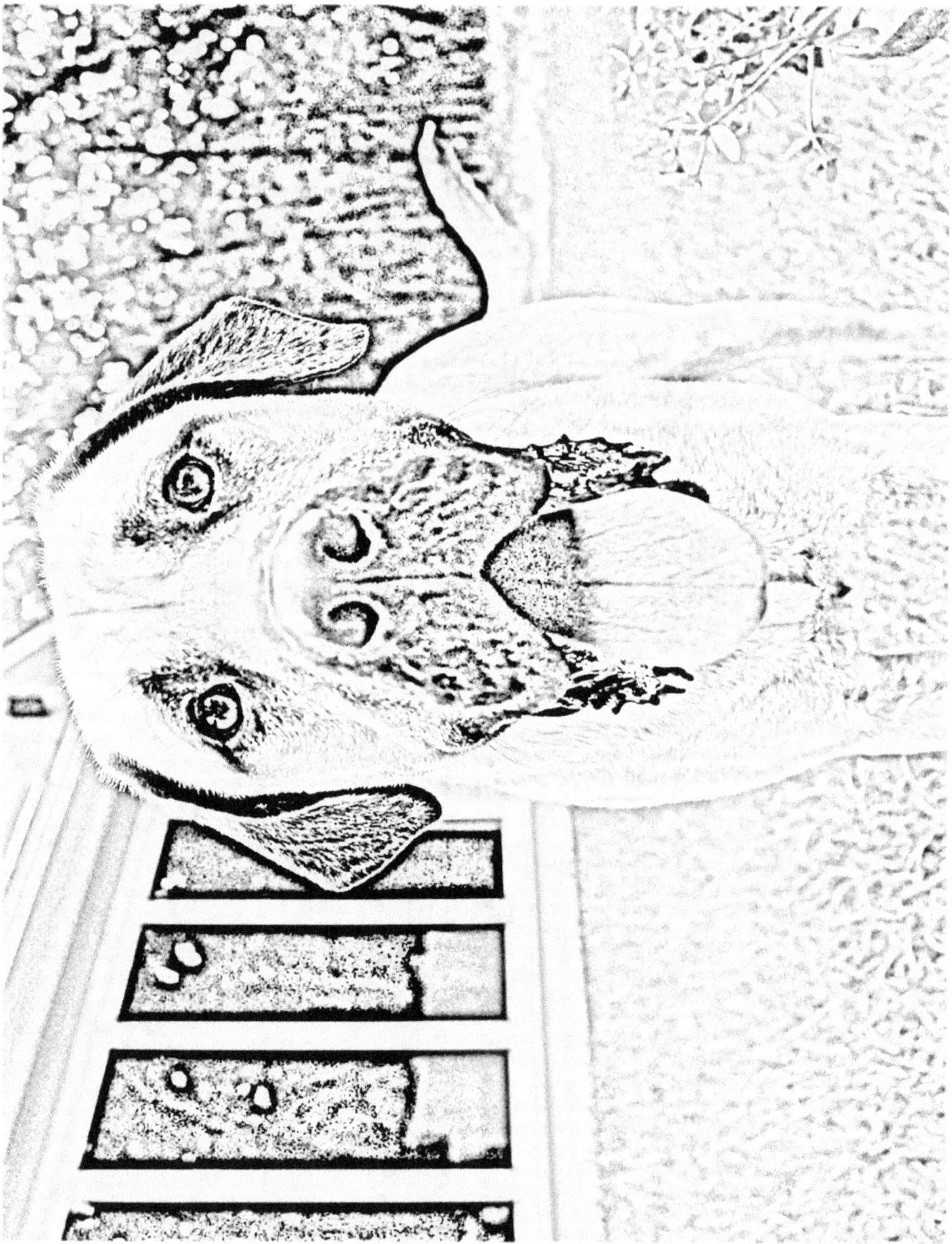

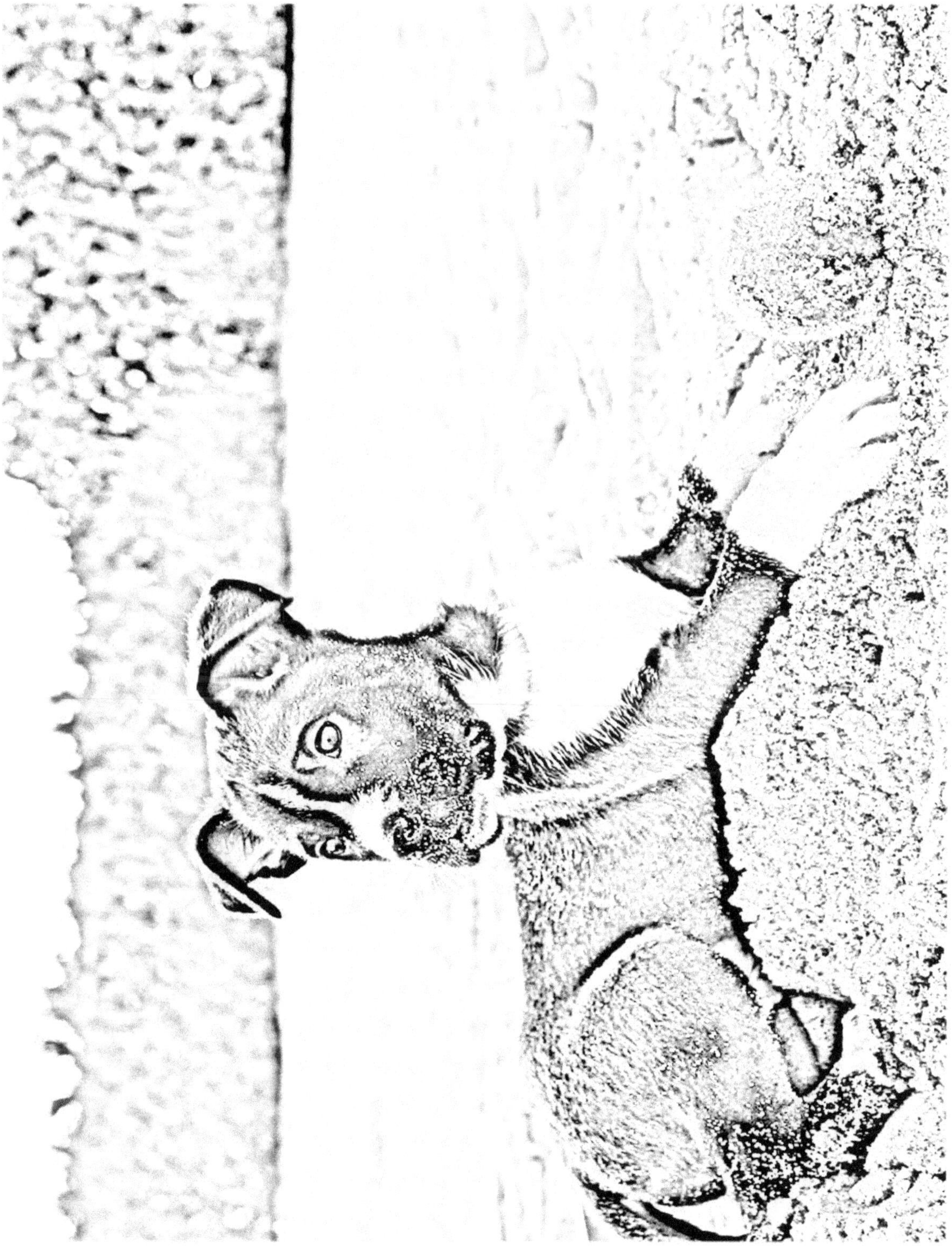

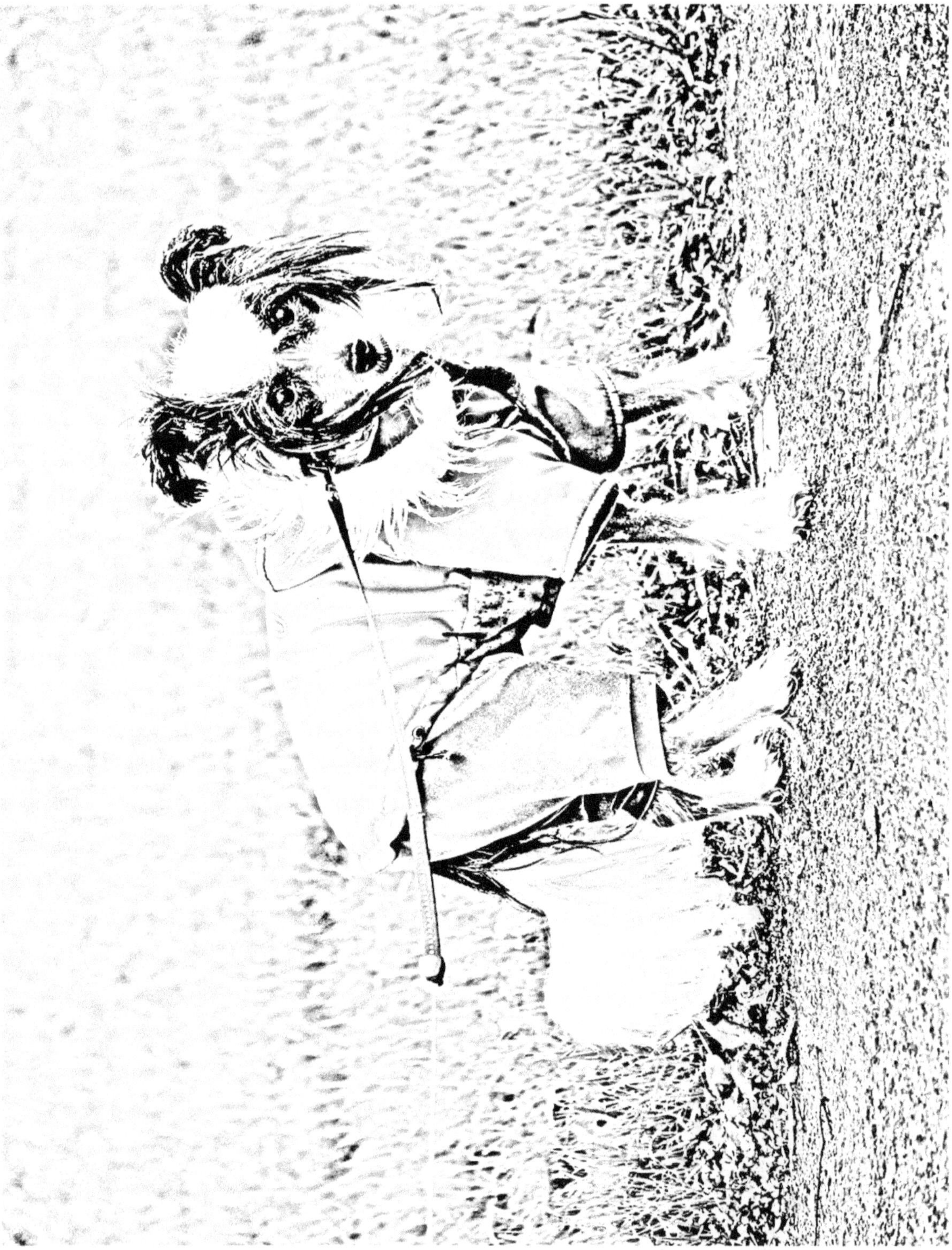

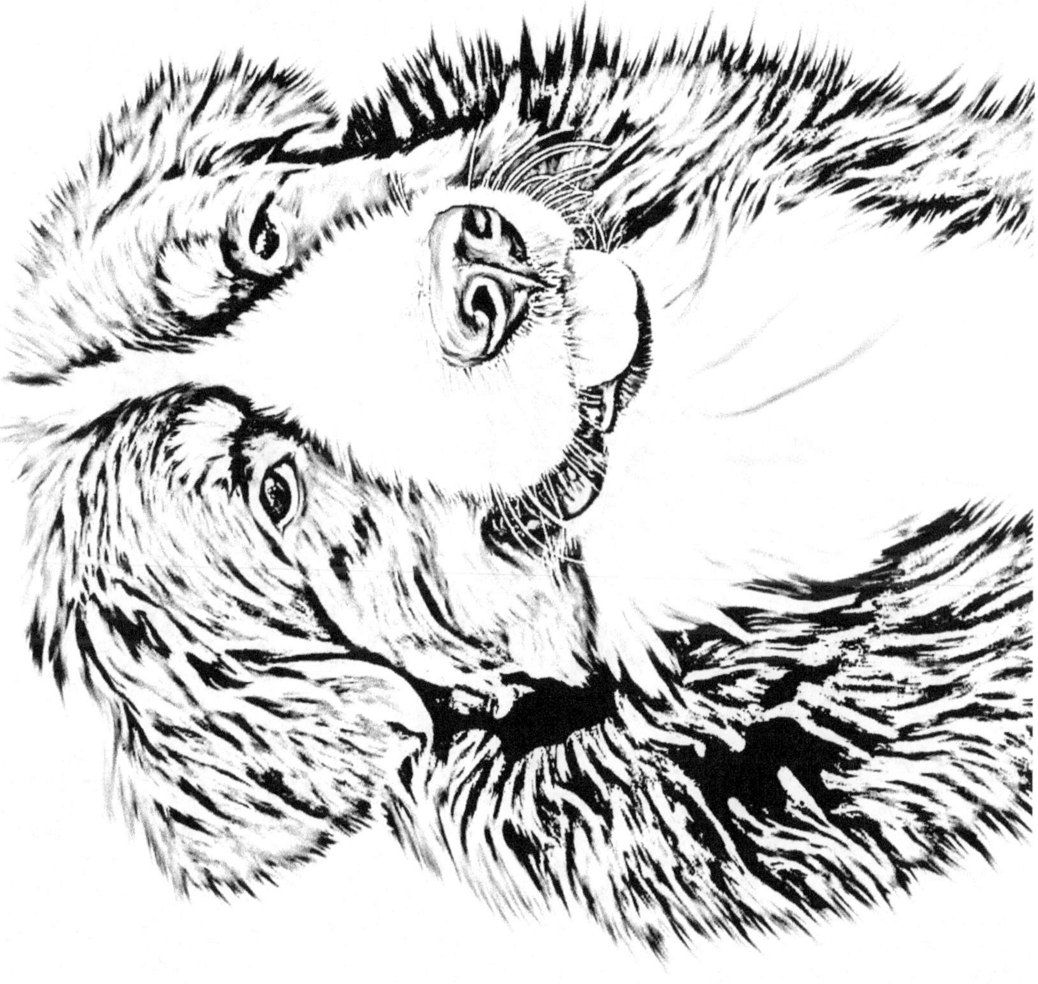

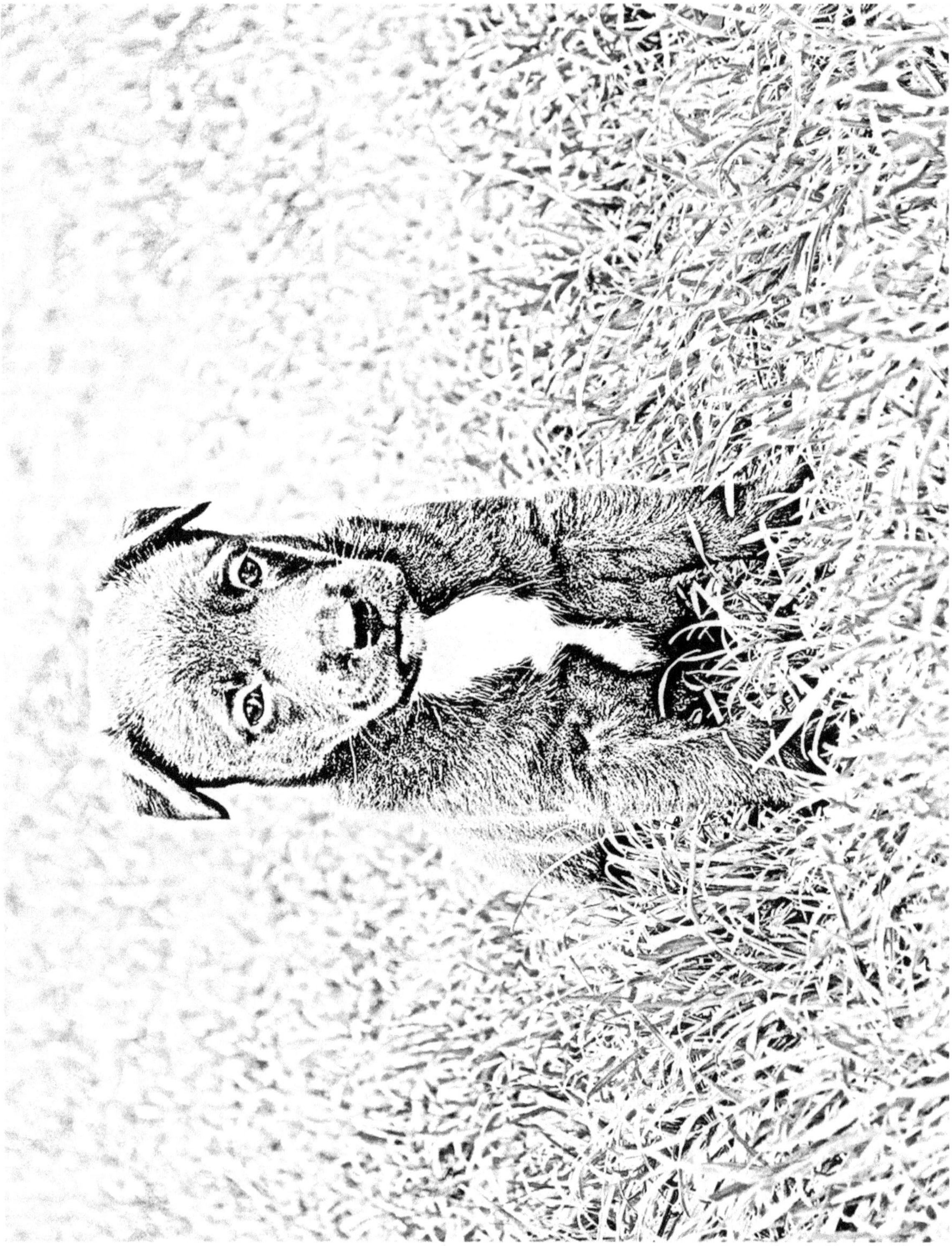

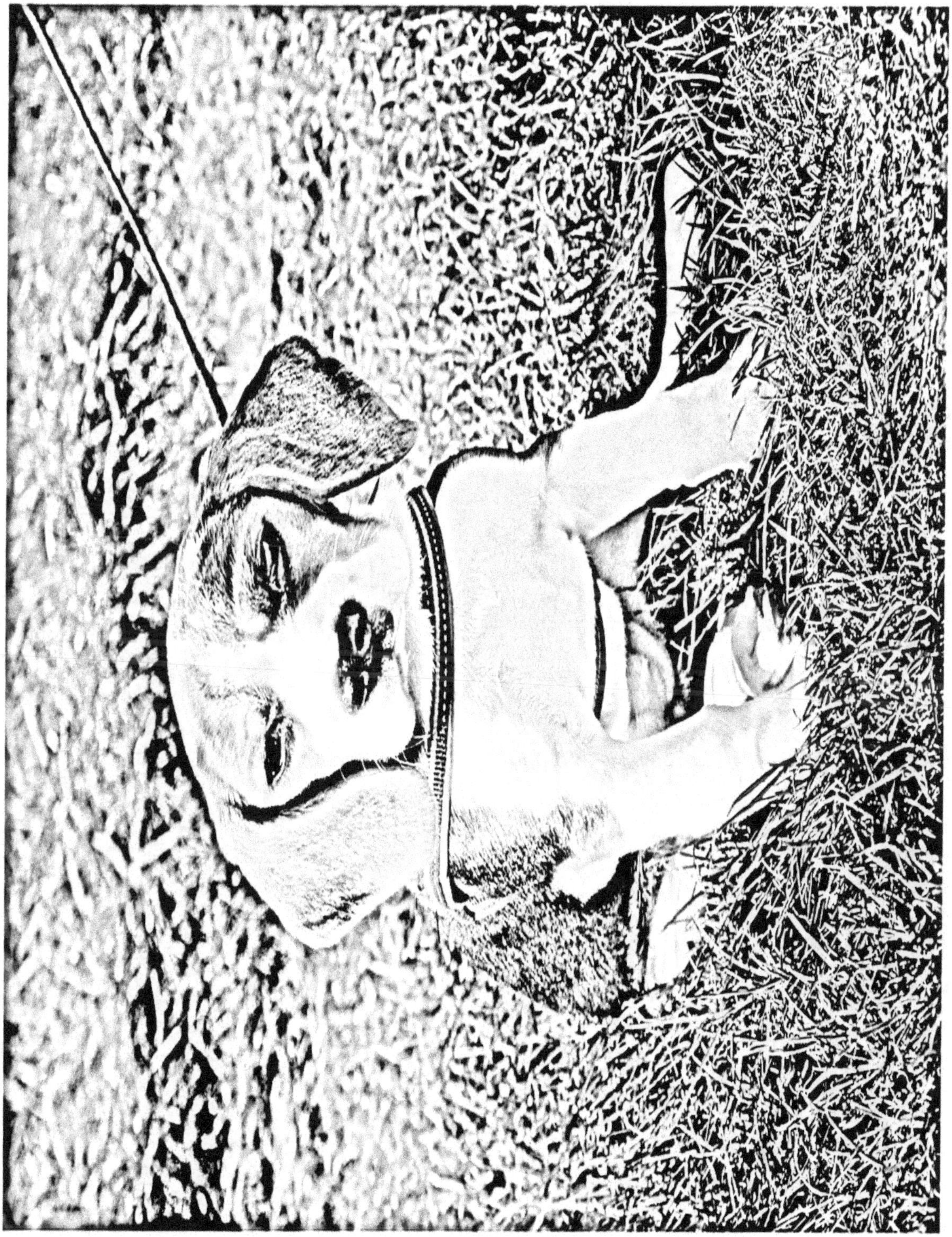

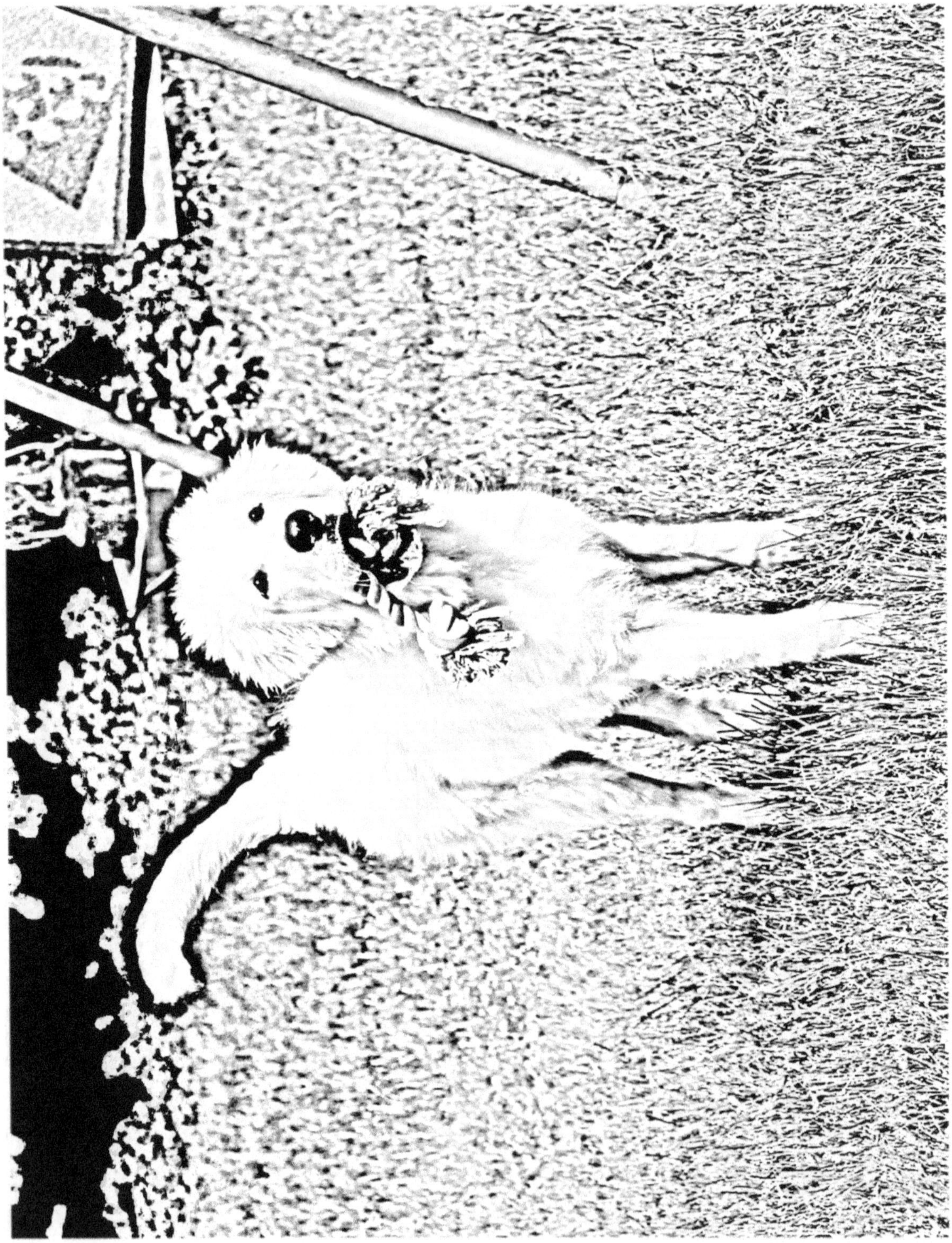

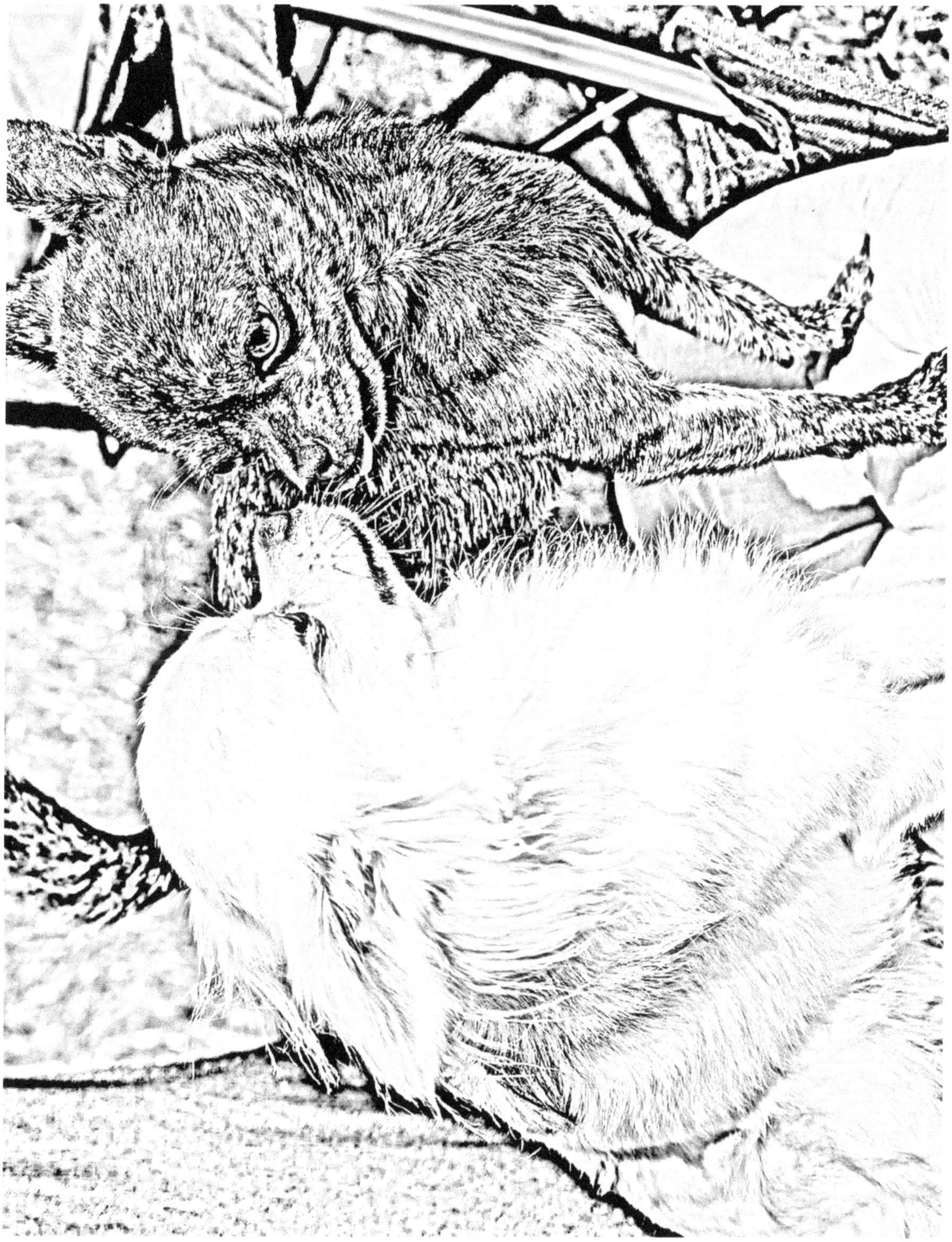

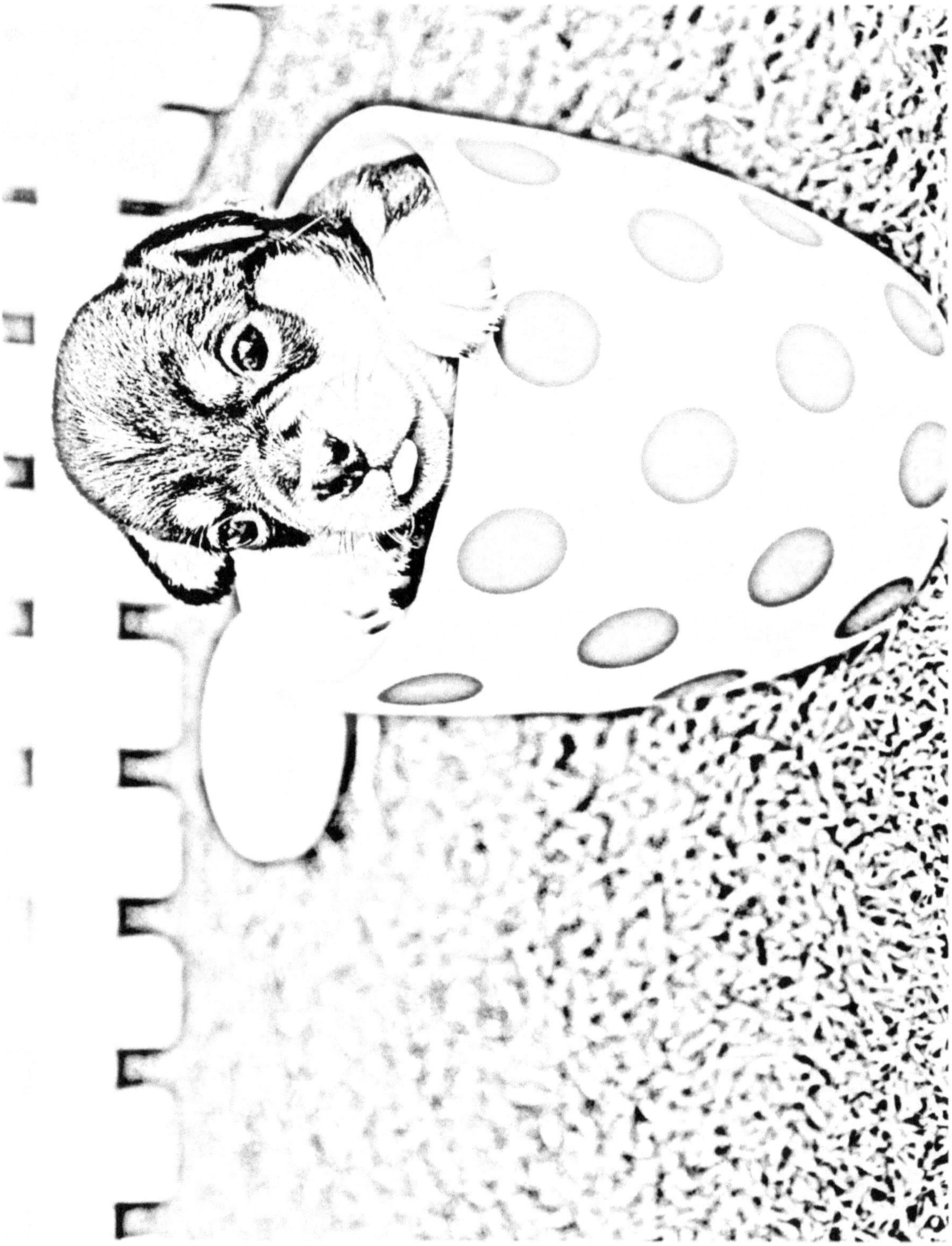

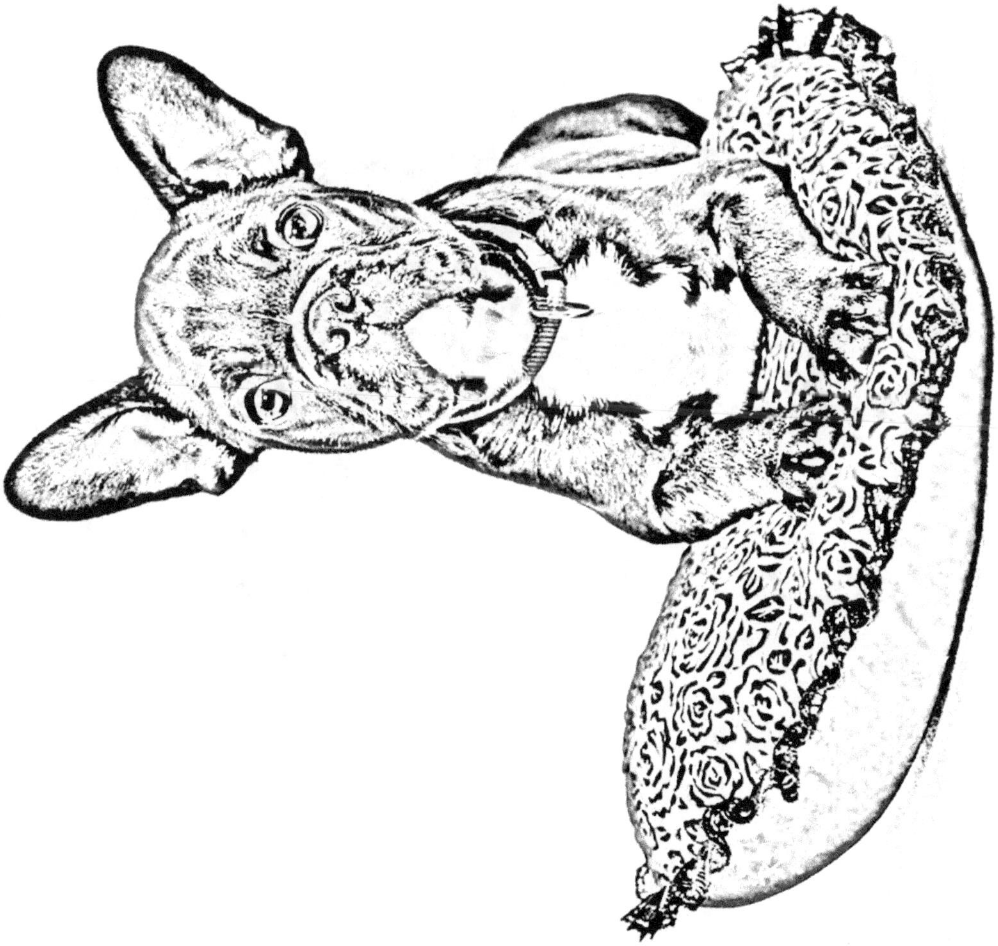

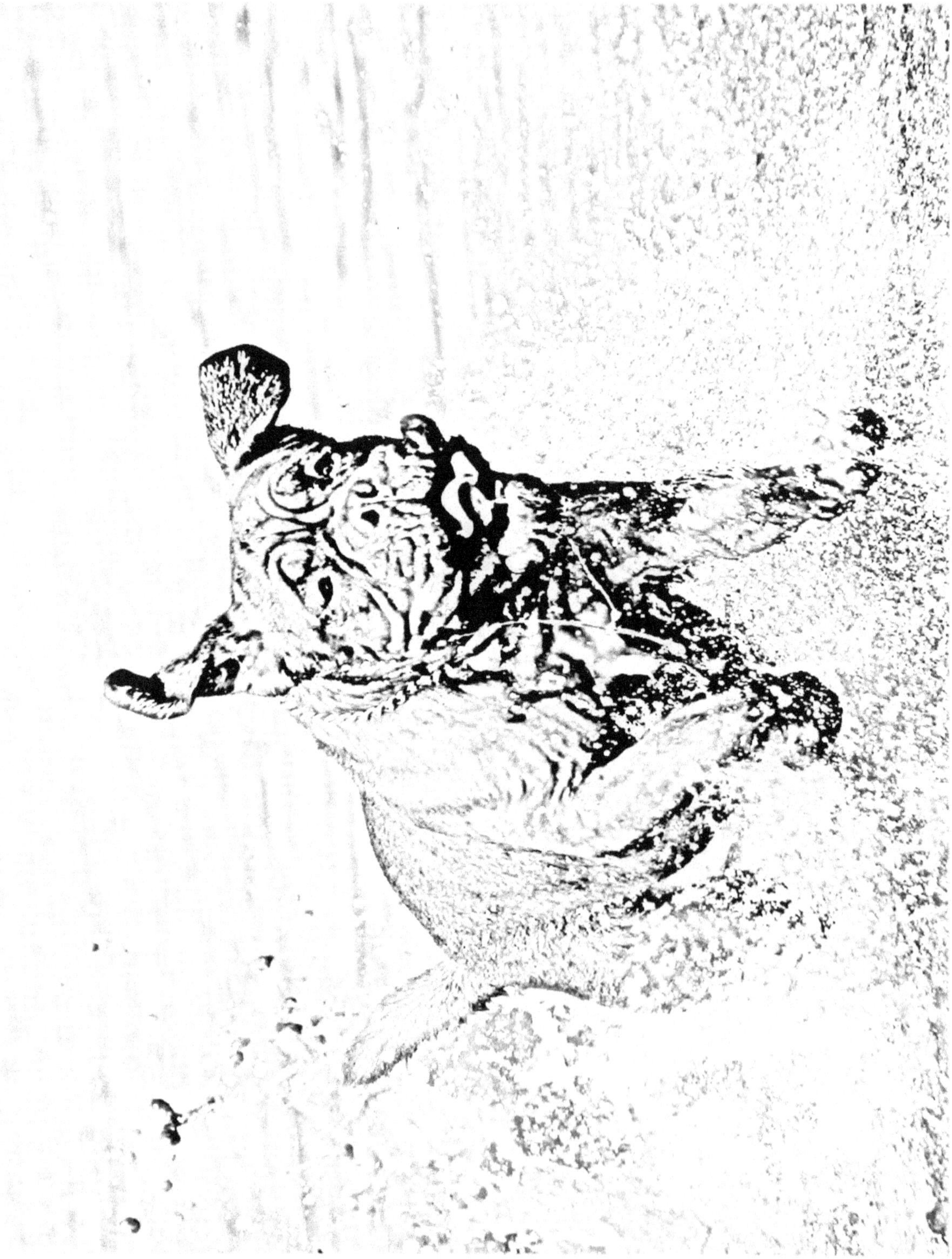

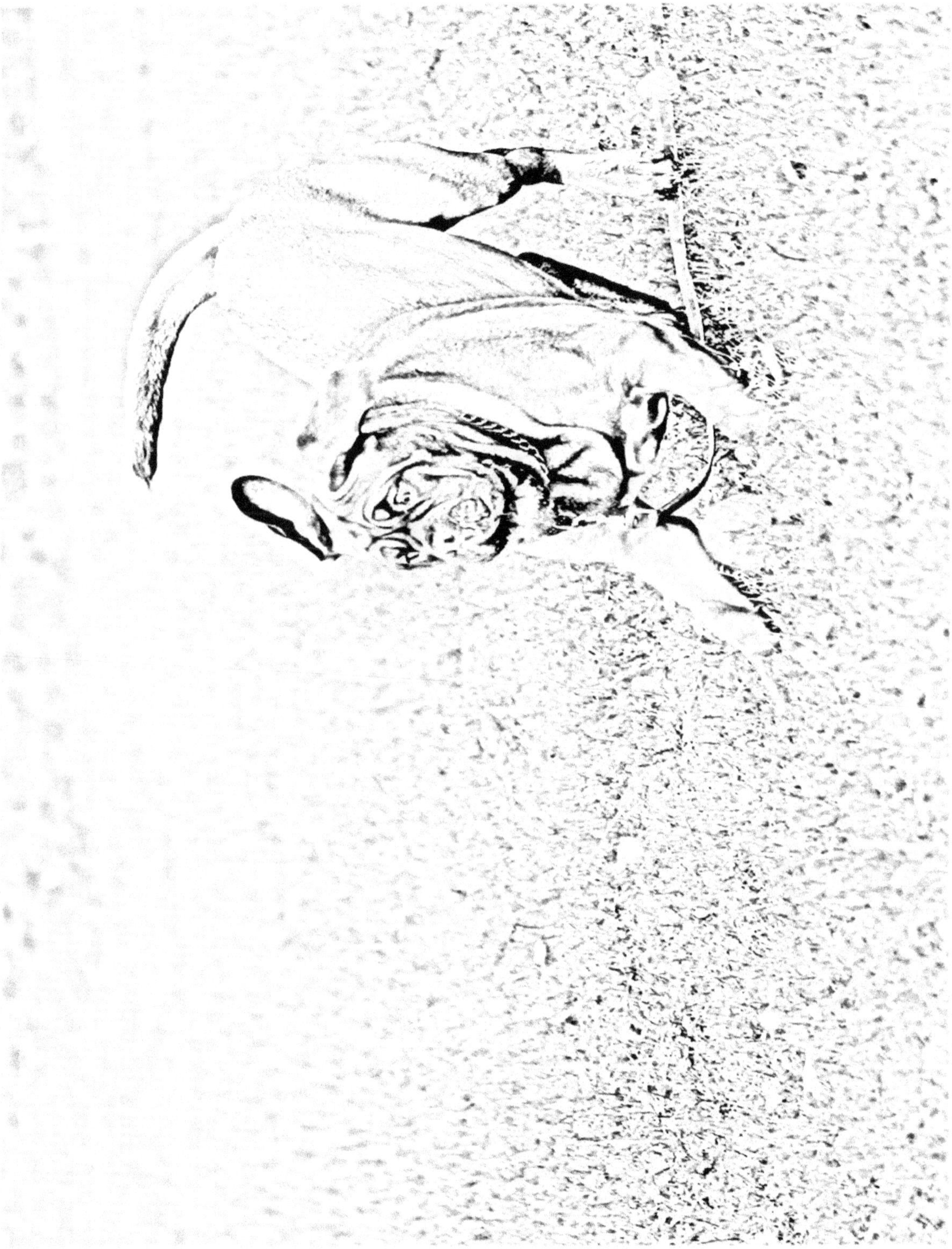

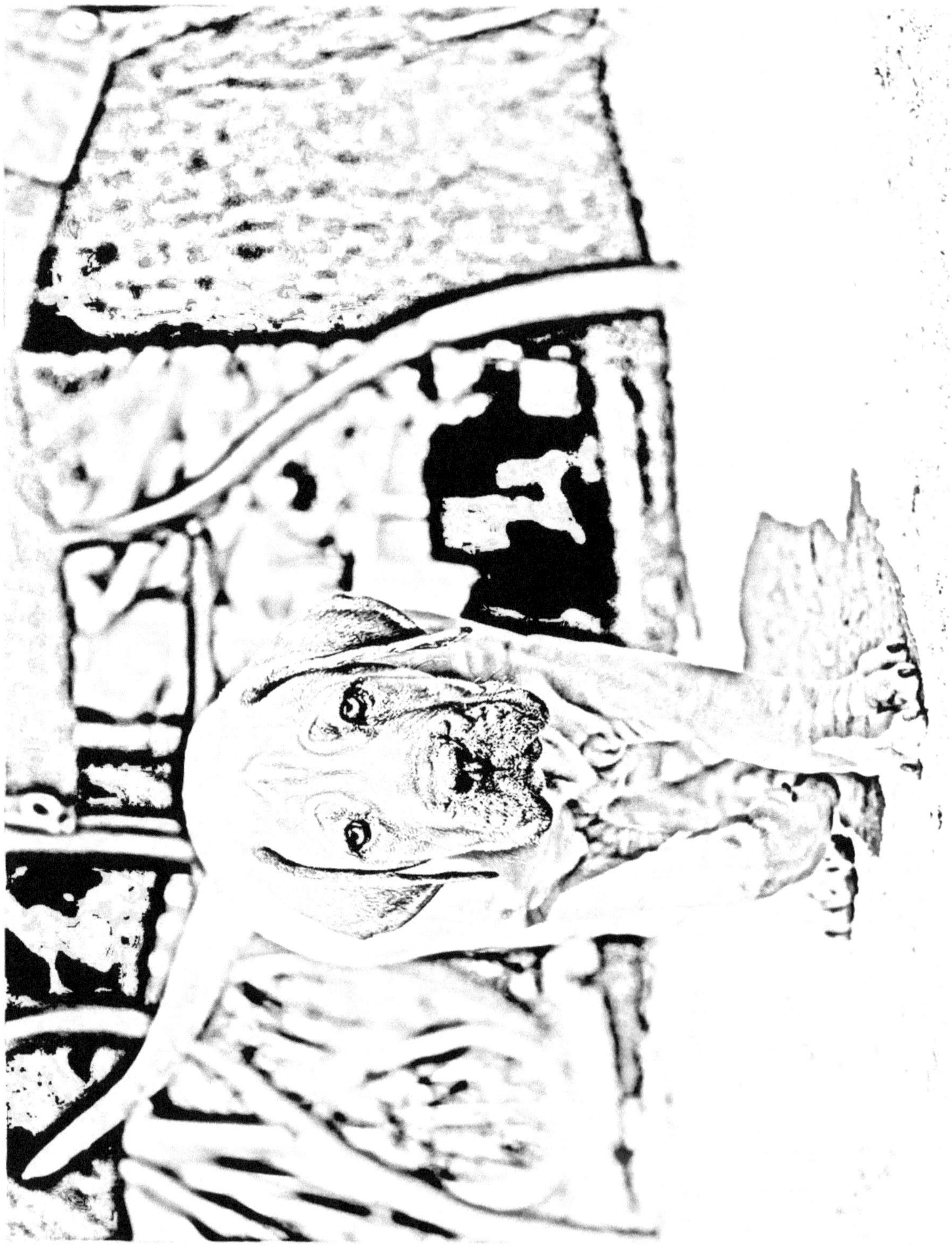

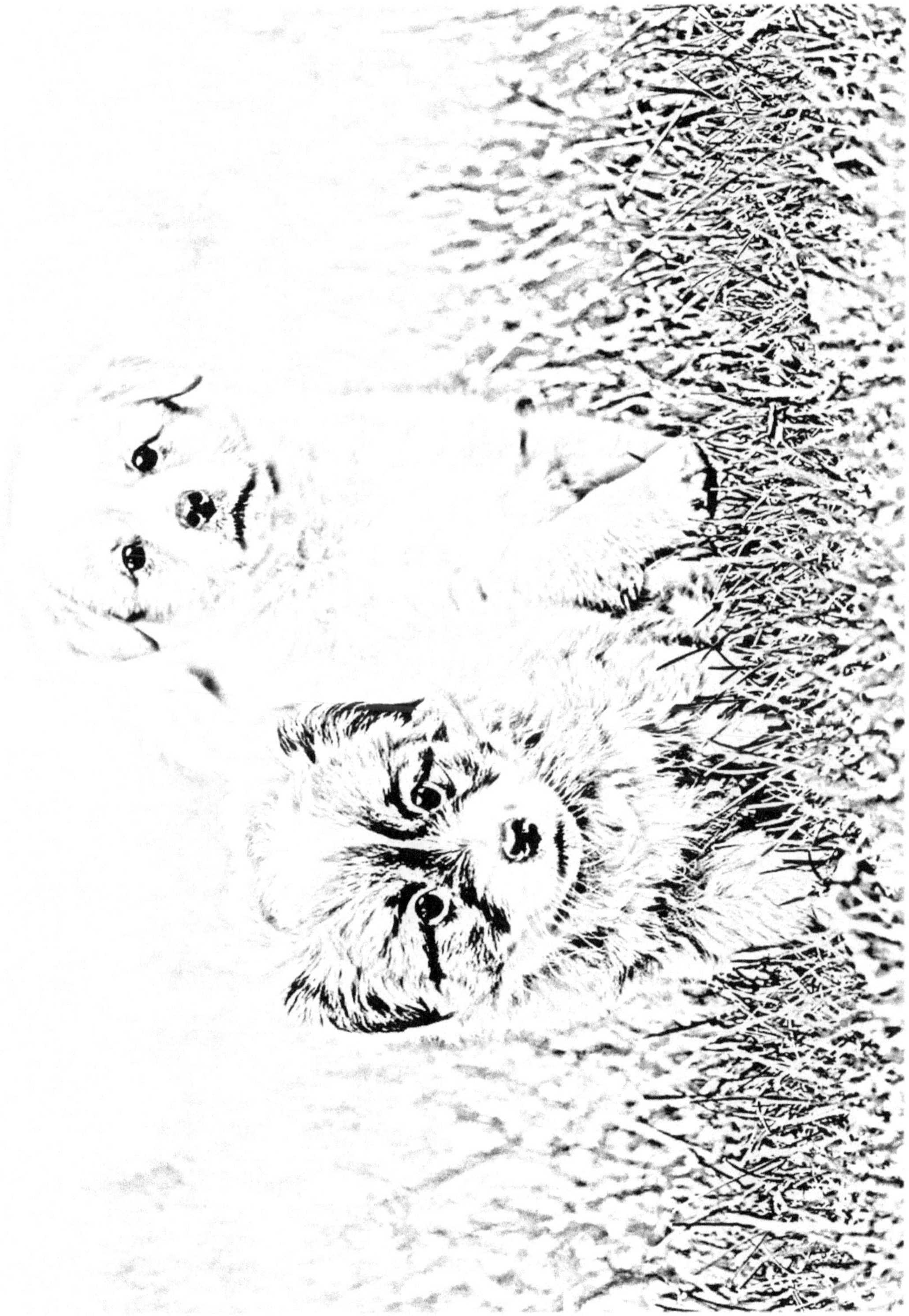

ingramcontent.com/pod-product-compliance
g Source LLC
burg PA
534190526
0008B/3158
8 1 5 3 3 5 2 0 5 2 4 *